Julia
et les fantômes

Les Éditions du Boréal remercient le Conseil des Arts du Canada
ainsi que le ministère du Patrimoine canadien et la SODEC
pour leur soutien financier.

Dépôt légal : 3e trimestre 1999
Bibliothèque nationale du Québec

Diffusion au Canada : Dimedia
Distribution et diffusion en Europe : Les Éditions du Seuil

Données de catalogage avant publication (Canada)
Duchesne, Christiane, 1949-
Julia et les fantômes
(Boréal Maboul)
(Les Nuits et les Jours de Julia ; 2)
Pour enfants de 7 à 9 ans.
ISBN 2-89052-984-3
I. Gay, Marie-Louise. II. Titre. III. Collection. IV. Collection : Duchesne, Christiane, 1949- . Les Nuits et les Jours de Julia ; 2.
PS8557.U265J85 1999 jC843'.54 C99-941017-2
PS9557.U265J85 1999
PZ23.D82Jua 1999

Les Nuits et les Jours de Julia 2

Julia et les fantômes

texte de Christiane Duchesne
illustrations de Marie-Louise Gay

Boréal Maboul

1

Julia se glisse sous l'édredon, lisse les plis de sa chemise de nuit, se couche sur le dos et fixe le plafond. Elle n'arrive pas à fermer les yeux. Elle chuchote à l'oreille de son chien Chien :

— Ils vont venir ce soir, je le sens.

La lumière de la veilleuse rose étire les ombres des poupées sur les murs, transforme en baleines les poissons suspendus et fait flotter le singe en peluche sur le mur couvert de petites fleurs.

— Ils vont venir ce soir et j'ai peur, chuchote Julia à l'oreille de son chien Chien.

Dans la chambre de Julia, juste entre le rideau et la fenêtre, il y a un très étrange espace. Elle l'a toujours appelé le chemin des fantômes. Si la fenêtre est ouverte, le rideau se gonfle de vent et s'ouvre tout grand, laissant le champ libre à qui veut bien entrer. Combien de fantômes peuvent se faufiler, la nuit, entre le rideau et la fenêtre ? Des centaines peut-être ? Trois cent quatre-vingt-douze fantômes ? Cinq mille deux cent vingt-six fantômes ? Combien exactement ? Si la fenêtre est fermée, si le vent n'entre pas, rien ne bouge, et le rideau tombe bien droit. Ce soir, la fenêtre est à peine entrouverte : trois minuscules centimètres pour laisser passer les fantômes. S'ils veulent entrer, ils le peuvent…

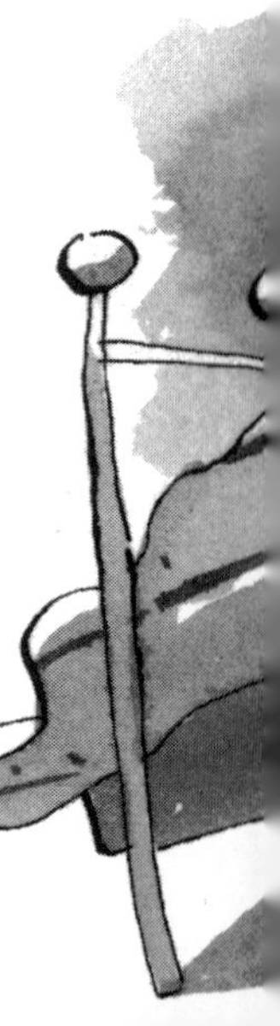

Julia n'a jamais eu peur des fantômes. Ses trois frères ont bien souvent tenté d'imiter la voix des fantômes. Il ont essayé d'effrayer Julia en se déguisant en fantômes avec de grands draps blancs. Ils ont essayé de faire le bruit des pas des fantômes, mais Julia sait que les fantômes n'ont pas de pieds. Jamais elle n'a eu peur parce qu'elle a toujours cru

que les fantômes étaient gentils. « Si on leur parle doucement, si on tire un peu sur leur drap pour voir ce qu'il y a dessous, ils deviennent tout timides et ils ne bougent plus. » Voilà ce que pense Julia. Voilà, du moins, ce qu'elle pensait jusqu'à ce soir. « Et s'ils étaient vilains ? » se demande-t-elle en sentant monter la peur.

2

Pourquoi est-ce qu'un soir on commence à avoir peur ? Pourquoi, pour rien du tout, les choses ordinaires se mettent-elles à nous faire peur ? Julia se dit, en remontant son édredon jusque sous son menton : « Si j'ai réussi à prendre au piège le chef des Pois, je n'ai qu'à faire la même chose pour les fantômes. »

Elle n'a pas souvent peur des fantômes. Seulement certains soirs, comme celui-ci, quand on entend le vent siffler, hurler avec une voix de loup. Et ce soir, le vent se déchaîne.

Dans la tête de Julia, les idées se font tout à coup très noires. Puis, de très loin, elle entend une voix, toute petite et craintive. Cette voix-là a très peur. « Tu ne peux pas prendre des fantômes au piège, parce qu'ils passent à travers tout, à travers les murs, à travers les fenêtres, à travers les gens, à travers tout », fait la voix.

— Qui me parle ? dit Julia à haute voix.

« C'est la Julia du dedans. C'est moi, la Julia du dedans. C'est moi, c'est toi, c'est nous, et nous avons peur toutes les deux. »

Julia la connaît très bien, la voix de la Julia du dedans. Mais elle préfère ne pas l'entendre, faire comme si elle n'existait pas. La voix du dedans se fait entendre uniquement dans les moments de grande frayeur.

Julia n'aime pas sentir qu'elle a peur. Mais la voix du dedans lui montre bien qu'il est inutile de faire semblant. La voix de la Julia du dedans sert à Julia à ne pas faire semblant, voilà. Et Julia préférerait parfois qu'elle se taise. Il y a des moments où il est très utile de faire semblant de ne pas avoir peur. Ce soir, c'est impossible, la petite voix a parlé…

« Je sais que tu as peur, tu as peur autant que moi, poursuit la voix du dedans. Tu essaies de faire semblant. Arrête ! » supplie la voix de la Julia du dedans.

Julia plonge la tête sous les oreillers. Le vent s'engouffre entre le rideau et la fenêtre. Elle l'entend, le vent, long comme le soupir d'un ogre. Elle aurait préféré que ce soit un rayon de lune qui passe, lumineux, par le

terrible chemin des fantômes. Mais ce soir, la lune est noire, il n'y a que des étoiles. Elle l'a bien vérifié avant de se mettre au lit. Serrant très fort le chien Chien entre ses bras, elle soulève un peu l'oreiller pour voir le rideau se gonfler légèrement. « Ne regarde pas ! » chuchote la voix de la Julia du dedans.

— Il faut les voir, s'ils sont là ! répond bravement Julia.

« Non ! Il faut rester cachée ! Les fantômes croiront qu'il n'y a personne et ils repartiront en silence », fait encore la voix du dedans.

— Et s'ils étaient gentils ?

« Non ! Les fantômes ne sont jamais gentils ! »

— Dis-moi, demande Julia à la Julia du dedans, que font-ils, au juste, les fantômes ? Que font-ils de vraiment vilain, de vraiment méchant ? Tu le sais, toi ?

La voix du dedans ne répond pas tout de suite. Puis, après un long silence très noir,

Julia entend tout au fond de son cœur : « Les fantômes font peur... »

Courageusement, Julia dit à voix haute :

— Si c'est vraiment ce qu'ils savent faire de mieux, je veux les voir me faire peur. Je veux les voir me faire peur à moi...

3

Elle repousse les deux oreillers et se retourne vers la fenêtre, fixant précisément le chemin des fantômes.

— Je n'ai pas eu peur le jour où le chef des Pois m'est apparu. Je n'aurai pas plus peur aujourd'hui !

Julia peut voir par la fenêtre la maison illuminée de madame Rousse, de l'autre côté du jardin. Les grands arbres ploient sous le vent. Elle l'entend bien, ce vent féroce qui veut coucher les arbres. Elle l'entend crier, gémir, elle l'entend hurler encore.

Julia décide d'éteindre la veilleuse rose, serrant toujours plus fort le chien Chien entre ses bras. Jamais elle n'a fait une chose pareille. Tous les soirs, toutes les nuits depuis la naissance de Julia, la veilleuse rose éclaire doucement son

sommeil. Jamais de toute sa vie, Julia n'a osé plonger sa chambre dans la très grande obscurité. Il va faire noir, il va faire très noir, il va faire tout à fait noir…

— Si je veux les voir, les fantômes, il faut tout éteindre, déclare-t-elle.

« Au secours », dit la voix du dedans, toute faible.

— Tais-toi donc ! dit Julia.

Elle bondit hors de son lit et éteint la veilleuse rose. Vite, elle revient, tête première, s'étendre sur l'édredon, à plat ventre, les mains sous le menton.

Là, dans le grand noir de la nuit, dans la chambre habitée par la grande obscurité de la nuit, Julia les voit.

Les voilà qui entrent. Un à un, les fantômes entrent à la queue leu leu, silencieux, flottant dans la nuit comme on flotte dans l'eau. Julia chuchote à l'oreille du chien Chien en lui mordillant nerveusement l'oreille :

— Tu vois bien qu'ils attendaient l'obscurité. Ils attendaient seulement qu'il fasse noir. Ils craignaient sûrement de se faire voir…

L'un à la suite de l'autre, en file bien rangée, de petits fantômes continuent à entrer par la fenêtre. Ils ne sont pas plus grands que le singe en peluche de Julia.

Elle les compte rapidement :

— Un, deux, trois, quatre, cinq, six, sept…

Elle continue en comptant par deux pour aller plus vite :

— Huit, dix, douze, quatorze… poursuit-elle.

Puis elle continue en comptant par cinq :

— Quinze, vingt, vingt-cinq, trente… Ils sont trop nombreux, je n'y arriverai jamais !

Mais la petite voix du dedans supplie :

« Compte, Julia, compte ! Je veux savoir combien il y en a. Compte ! »

— Je voudrais bien, mais je ne peux plus ! Il y en a tant et tant et tant ! Tu les vois ?

Le petite voix murmure :

« Je ne les vois pas, je les sens… »

Il en entre toujours, des petits, des plus grands, des moyens, légers et silencieux. Ils sont portés par le vent qui se glisse entre la fenêtre et le rideau de dentelle.

Julia murmure à son chien Chien :

— Les fantômes entrent par le chemin des fantômes, il n'y a rien de plus normal.

« J'ai peur… » fait la voix du dedans.

Julia lui répond, impatiente :

— Il ne peut rien nous arriver. Tais-toi, tu m'empêches de me concentrer.

« Mais j'ai tellement peur… » dit encore la voix de la Julia du dedans.

— Il ne peut absolument rien nous arriver. Rien. Ils sont trop petits. Comment voudrais-tu que d'aussi petits êtres puissent nous faire du mal ! Tais-toi une fois pour toutes, cache-toi au fond de mon cœur et reste là en silence. S'il te plaît, petite voix peureuse…

« Mais ils sont peut-être vilains ! » insiste la voix.

— Tu l'as dit toi-même, les fantômes ne font rien d'autre que de faire peur. Tu vois

bien. Nous avons eu peur. Tu as encore peur. Moi, j'ai un peu moins peur… Ils ont réussi à nous faire peur. Ils ne peuvent plus rien faire d'autre. Laisse-moi les regarder. Je veux savoir ce qu'ils sont venus faire chez moi.

4

Si Julia avait eu le temps de compter tous les fantômes, elle en aurait compté très exactement quatre-vingt-quatre. Quatre-vingt-quatre petits fantômes, impeccables dans leurs longs vêtements blancs, avec de grands yeux doux un peu vides, et pas de pieds. Julia les observe très attentivement.

— Tu vois bien, Chien, que les fantômes n'ont pas de pieds. Je le savais, je l'avais dit.

Les fantômes n'ont pas encore aperçu Julia. Que voient-ils, d'ailleurs, avec leurs grands yeux vides ? Ils flottent sur le plancher de la chambre, tourbillonnent doucement, on dirait qu'ils dansent. Les quatre-vingt-quatre petits êtres blancs s'installent ensuite sur le tapis bleu, juste à côté du singe en peluche. Se parlent-ils ? Julia voudrait bien les entendre.

La voix du dedans lui lance des appels désespérés. Le cœur battant, Julia se laisse glisser très lentement sur le plancher de

l'autre côté de son lit, à l'opposé des fantômes. Pas un des quatre-vingt-quatre fantômes ne peut vraiment la voir. Cachée par son lit, elle rampe vers la fenêtre, se faufile derrière le rideau que le vent gonfle toujours, et ferme doucement la fenêtre.

Affolée, la petite voix du dedans s'écrie :

« Tu n'aurais jamais dû faire ça ! Tu les as faits prisonniers ! Leur vengeance sera terrible ! »

— Je suis plus grande qu'eux, murmure Julia à l'oreille rongée de son chien. Je n'ai plus peur. Plus du tout. Je n'ai plus peur du tout, répète-t-elle pour en être tout à fait certaine. Tu vois, Chien, la peur, c'est comme le vent. Ça enfle très fort et ça diminue…

Puis, elle chuchote à la voix du dedans :

— Toi, tu as encore peur ?

La voix du dedans ne répond pas.

— Je crois qu'elle boude, souffle-t-elle à son chien.

Julia n'ose pas avouer qu'elle a encore un tout petit peu peur.

— Il faut dire que sans la lune, Chien, sans la veilleuse rose, il devrait faire vraiment très noir et que nous aurions tous le droit de trembler très fort de peur. Mais voilà, il ne fait pas noir du tout. Regarde. On y voit très bien même si c'est la nuit.

l'autre côté de son lit, à l'opposé des fantômes. Pas un des quatre-vingt-quatre fantômes ne peut vraiment la voir. Cachée par son lit, elle rampe vers la fenêtre, se faufile derrière le rideau que le vent gonfle toujours, et ferme doucement la fenêtre.

Affolée, la petite voix du dedans s'écrie :

« Tu n'aurais jamais dû faire ça ! Tu les as faits prisonniers ! Leur vengeance sera terrible ! »

— Je suis plus grande qu'eux, murmure Julia à l'oreille rongée de son chien. Je n'ai plus peur. Plus du tout. Je n'ai plus peur du tout, répète-t-elle pour en être tout à fait certaine. Tu vois, Chien, la peur, c'est comme le vent. Ça enfle très fort et ça diminue…

Puis, elle chuchote à la voix du dedans :

— Toi, tu as encore peur ?

La voix du dedans ne répond pas.

— Je crois qu'elle boude, souffle-t-elle à son chien.

Julia n'ose pas avouer qu'elle a encore un tout petit peu peur.

— Il faut dire que sans la lune, Chien, sans la veilleuse rose, il devrait faire vraiment très noir et que nous aurions tous le droit de trembler très fort de peur. Mais voilà, il ne fait pas noir du tout. Regarde. On y voit très bien même si c'est la nuit.

5

Les fantômes répandent autour d'eux une lumière infiniment douce, blanche et fragile, d'un blanc de lait. Ce sont eux qui éclairent timidement la chambre de Julia.

— Regarde, Chien, comme c'est joli...

Sans faire le moindre bruit, Julia s'approche des fantômes, juste assez pour les entendre sans qu'ils puissent la voir.

Julia entend la voix d'un premier fantôme :

— Nous serons bien ici. Voyez comme c'est joli !

Un autre dit :

— Oui, et si personne ne vient nous déranger, nous pourrons dormir quelques heures, fait un autre.

Un troisième soupire :

— Ce ne sera pas de trop !

Un tout petit fantôme demande :

— Depuis combien de nuits couchons-nous dehors dans le vent froid ?

Et le premier qui a parlé répond :

— Au moins six, non ? Six ou sept nuits ? Je ne peux plus les compter, je suis trop fatigué.

Julia ouvre de grands yeux. Tous ces pauvres fantômes cherchent un endroit pour la nuit ? Ce serait donc pour cela qu'ils entrent dans les maisons, le soir ? Simplement pour se reposer? Ils n'auraient pas dormi depuis six ou sept jours! Pauvres, pauvres petits fantômes!

— N'ayez pas peur, leur dit-elle de sa plus douce voix. Ne craignez rien, surtout. Vous êtes chez moi et il ne vous arrivera rien de mal. Je m'appelle Julia et…

Aussitôt, les fantômes frémissent et s'affolent. La lumière blanche qu'ils répandaient autour d'eux prend une affreuse teinte verte.

Julia leur dit d'une voix très douce :

— N'ayez pas peur, fantômes ! Je veux vous protéger.

Et la voix du dedans de Julia s'écrie aussitôt :

« Tu es folle ! »

— Je veux bien, reprend Julia, vous offrir ma chambre pour toujours, si vous me jurez que vous êtes de gentils fantômes.

À ce moment-là, celui qui semble être le chef des fantômes s'approche timidement. Les robes des fantômes reprennent lentement leur couleur blanche.

— Mademoiselle, dit le chef des fantômes,

nous ne vous connaissons pas. C'est la première fois que nous entrons chez vous. C'est la première fois que nous sommes si bien accueillis. Demandez aux autres.

— Oh oui ! dit l'un des petits fantômes. C'est vrai ! D'habitude, ceux qui nous voient hurlent, crient de frayeur ou bien nous poursuivent avec de grands balais. Et puis, la fenêtre était ouverte. C'est tellement plus facile que de passer à travers les murs !

Le chef déclare, très poli :

— Et nous pouvons vous jurer que nous sommes tous gentils. Nous cherchons simplement un endroit pour dormir.

— Alors, dit Julia, je vous offre ma chambre. Est-ce que le tapis bleu vous suffit ou vous faut-il des lits ?

— Le tapis nous convient très bien.

Avec son meilleur sourire, Julia leur dit :

— Je vous offrirai des couvertures, ce sera plus agréable. Vous pourrez venir dormir ici tous les soirs.

— Tous les soirs ? demande l'un des fantômes.

— Je laisserai ma fenêtre ouverte, juste assez pour vous laisser entrer. Ça ira ? demande Julia.

— C'est merveilleux ! s'exclament les quatre-vingt-quatre petits fantômes d'une même voix. Nous n'aurons plus froid, nous ne nous ferons plus fouetter par le vent, nous n'aurons plus à craindre les chats errants. C'est tout à fait merveilleux !

6

« Oh ! gémit la voix du dedans de Julia, tout à fait découragée. Nous habiterons maintenant avec des fantômes ! Et ce sera merveilleux ? Ce n'est pas merveilleux du tout, c'est horrible ! »

— Tais-toi, lui dit Julia. Tu vois bien qu'ils sont gentils !

Et, s'adressant aux fantômes, elle ajoute :

— La nuit, vous cherchez un abri pour dormir, mais le jour, que faites-vous ?

— Le jour ? répète le chef des fantômes. Nous travaillons, mademoiselle. En fait, plus

précisément, les adultes travaillent et les petits vont à l'école.

Intriguée, Julia demande :

— Vous travaillez vraiment ?

— Nous travaillons beaucoup. Nous surveillons les réserves de certains animaux pour prévenir les vols de nourriture. Tous les fantômes ne font pas le même travail. Ma famille et moi nous occupons des réserves de nourriture des écureuils. D'autres familles trient les semences d'arbres et ne gardent que les meilleures. Certaines familles veillent sur les nids d'oiseaux. Nous sommes très utiles, vous savez, je dirais même indispensables…

Julia demande encore :

— Et tous les fantômes ici présents composent votre famille ?

— Oui, nous formons une vaste famille. Nous sommes maintenant quatre-vingt-quatre, et nous attendons quelques petits, ajoute-t-il malicieusement en indiquant de l'œil quelques draps blancs plus gonflés que les autres.

— Oh ! murmure Julia.

Elle regarde avec un sourire ému les quatre-vingt-quatre petits fantômes rassemblés sur son tapis bleu. Quelques-uns, les plus petits, dorment déjà. Très tendrement, Julia murmure :

— Vous serez bien chez moi. Pour le moment, il vaudrait mieux dormir, si vous voulez vous occuper demain de vos écureuils. Il est tard. Je vous verrai demain matin…

— Nous serons déjà partis. Nous nous

levons avant l'aurore. Nous vous verrons demain soir. Bonne nuit, mademoiselle. N'oubliez pas de laisser la fenêtre ouverte. C'est tellement plus simple que de passer à travers les murs.

— Bonne nuit, ajoutent les fantômes qui ne dorment pas encore.

— Bonne nuit, dit Julia en s'installant dans son lit, bien au chaud sous l'édredon avec son chien Chien.

« Bonne nuit », murmure doucement la voix du dedans de Julia.

— Dormez bien, tout le monde, chuchote encore Julia en remontant l'édredon jusque sous son cou bordé de dentelle blanche. Et toi, ajoute-t-elle pour la Julia du dedans, dors en paix ! Tu vois bien qu'ils ne

nous ont ni mangées, ni ficelées, ni découpées en petites bouchées. Tu vois bien que ce sont de merveilleux fantômes ! Prépare-toi, ils vivront ici aussi longtemps qu'ils le désireront. Il faudra voir à ouvrir régulièrement la fenêtre pour qu'ils puissent aller et venir comme ils le veulent. C'est vrai que ce doit être tellement plus simple que de passer à travers les murs.

Demain, quand ils seront partis, Julia découpera la vieille couverture qui sert à ses poupées en quatre-vingt-quatre petits morceaux. Elle les pliera proprement, les rangera en petites piles. Personne ne pourra se douter que ces petits carrés serviront de couvertures à autant de gentils petits fantômes qui vivront maintenant dans sa chambre.

Ils dorment tous déjà. Avec un plaisir rempli de toutes les tendresses du monde, Julia les écoute ronfler avant de s'endormir aussi.

— Je n'aurais jamais cru que les fantômes ronflaient, glisse-t-elle à l'oreille de son chien Chien.

Tout à coup, la petite voix du dedans se fait entendre :

« Ils vont vraiment venir coucher ici tous les soirs ? »

— Oui, répond Julia d'une voix bien nette. Et je te demande d'être discrète. Sais-tu, toi, demande Julia à la voix du dedans, sais-tu ce que ça mange, des fantômes ?

Mais la petite voix s'est déjà endormie, fatiguée, épuisée par ce début de nuit qui ne

ressemblait vraiment pas aux autres. Et la vraie Julia, lorsqu'elle est certaine que la Julia du dedans dort à poings fermés, s'endort à son tour, tellement heureuse qu'elle sourit jusque dans son sommeil.

C'est quoi, Maboul ?

Quand tu commences à lire, c'est parfois difficile.

Avec **Boréal Maboul,** ça devient facile.

- Tu choisis les séries qui te plaisent.
- Tu retrouves tes héros favoris.
- Les histoires sont captivantes.
- Les chapitres sont courts.
- Les mots et les phrases sont simples.
- Les illustrations t'aident à bien comprendre l'histoire.

Les Éditions du Boréal
4447, rue Saint-Denis
Montréal (Québec) H2J 2L2
www.editionsboreal.qc.ca

MISE EN PAGES ET TYPOGRAPHIE :
LES ÉDITIONS DU BORÉAL

CE DEUXIÈME TIRAGE A ÉTÉ ACHEVÉ D'IMPRIMER EN OCTOBRE 2000
SUR LES PRESSES DE TRANSCONTINENTAL IMPRESSION
IMPRIMERIE MÉTROLITHO, À SHERBROOKE (QUÉBEC).